VIVE LA GRANDE ÉCOLE

(Je commence à lire)

Lettrage : Pomme verte
Conception graphique : TATOO

ISBN 2-203-11068-6

La cantine

Un texte de Claude Gutman illustré par Serge Bloch

casterman

Juste avant l'heure des mamans-de-midi, Soléna a cafté Fanny.

Elle a levé la main en jouant des castagnettes avec ses doigts, comme si nous, on ne savait pas le faire aussi !

Georgette, la maîtresse, qui déteste autant les cafteurs que les castagnetteurs, est tout de même allée voir Fanny qui sanglotait, la tête dans les bras.

On s'est tous retournés "pour mieux t'entendre, mon enfant !", bien que Georgette déteste l'espionnage.

Elle dit toujours : « Chacun chez soi, et les vaches seront bien gardées. »

Bref, on s'est tous dévissé la tête aussitôt qu'on a entendu :
- Georgette, Georgette ! Fanny, elle pleure.

C'était vrai. Fanny s'expliquait en reniflant, s'essuyant les yeux et le nez avec ses manches. Le déluge.

Pourtant, personne aujourd'hui ne lui avait rien fait, rien cassé, rien volé.

De saut de puce en saut de puce à l'oreille, l'explication est arrivée jusqu'au premier rang.

Fanny allait manger à la cantine pour la première fois de sa vie.

J'ai haussé les épaules. J'ai dit qu'il n'y avait pas de quoi en faire un plat, et Paul-Hugo a éclaté de rire.

Georgette a fait les gros yeux.

-Marius, toi qui es si spirituel, je te confie Fanny. Tu l'aideras. Tu lui expliqueras. C'est ça, la solidarité!

Paul-Hugo a rigolé encore davantage en voyant ma tête.

– Et toi, Paul-Hugo, tu aideras Marius, lui a dit Georgette. C'est ça aussi, la solidarité!

Tout le monde a ri. Même moi, mais jaune.

Comme si c'était la mer à boire de manger à la cantine!

Fanny, après la descente en rang de l'escalier, se serait bien faufilée dehors comme une petite souris...

Mais c'est dans le préau-gymnastique-cantine qu'on est entrés.

Ça m'embêtait que les grands me voient à côté d'une fille.

Et en plus, elle avait tellement peur qu'elle s'est accrochée à mon pull.

Mais personne n'a crié : « Ah ! les amoureux ! »

Je crois que Paul-Hugo n'était pas plus fier que moi. Fanny s'était agrippée à son blouson.

Comme si elle était entrée dans la salle à manger d'un château fort avec des voûtes toutes noires et des toiles d'araignée partout.

A la place des gardes, ils auraient mis des dames de service avec des tabliers bleus.

Le trône aurait été occupé par la table des maîtres. Peut-être même qu'il y avait des oubliettes?

Mais pour nous, c'était la cantine. Juste la cantine.

-Dégage! j'ai dit à un microbe déjà assis.

J'ai installé Fanny à sa place, entre Paul-Hugo et moi.

Elle n'a pas eu le temps de réaliser. Elle avait déjà devant elle des carottes râpées qui baignaient dans la vinaigrette.

Fanny a souri. Elle aimait ça. Elle a mangé très vite,

puis, elle s'est retournée vers moi, toute bête devant son assiette vide. Elle attendait la suite, le pire.

-Dis, Marius, on est obligés de tout manger ? Qu'est-ce qui se passe si on n'aime pas ?...

Et en choeur, Paul-Hugo et moi, on lui a récité comme une fable de La Fontaine tout ce qu'ils fabriquent exprès, rien que pour nous embêter ;

des plats qu'on ne trouve nulle part, sauf à la cantine.

« Brocolis. Raviolis. Tomates farcies. Vache-qui-rit. Gâteau de riz. Choux de Bruxelles. Sardines à l'huile, endives cuites et ratatouille! »

Fanny a souri.

-Ne t'inquiète pas, a dit Paul-Hugo. On va te montrer comment on fait quand on déteste.

Et toute la table, on s'est mis à aider Fanny.

Dans la liste des détestations, on avait juste oublié le hachis Parmentier tiédasse

servi à pleine louche par une dame de service qui nous menaçait toujours de nous expédier à la table des maîtres.

-Paraît qu'ils ont fait ça avec des vieilles viandes toutes pourries...

-Même pas vrai, a dit Paul-Hugo, c'est du chat qu'ils passent à la moulinette.

Fanny a éclaté en larmes.
-Allez, Fanny, tu vas voir!
Elle n'a rien vu.

Paul-Hugo a fait passer l'assiette de Fanny à la table d'à côté, pour Germain-bouffe-tout.

Demain, il nous donnerait une voiture chacun. Son père, c'est le marchand de journaux à côté de la boulangerie.

Ni vu, ni connu. L'assiette est revenue. Bouche cousue.

Tandis que Paul-Hugo avait renversé toute son assiette par terre, sans le faire exprès bien sûr, et qu'il la ramassait avec une serpillière, la dame de service a vu que je n'avais touché à rien.

-Table des maîtres, elle m'a dit.
Et là, de loin, les autres m'ont regardé.

Une fourchette de hachis. Un verre d'eau. Une bouchée de pain. Un verre d'eau. Une grimace, et on recommence.

Fanny riait, riait.
Paul-Hugo m'a fait signe qu'il me gardait mon dessert.

Ce n'était vraiment pas la peine. Il ne passerait pas.

Et tandis que j'avalais un morceau de pain supplémentaire, j'ai vu arriver le fromage et les larmes de Fanny devant un morceau de camembert qu'il aurait fallu découper au chalumeau.

Paul-Hugo a fait ce qu'il fallait faire et que j'allais faire moi aussi. Prendre ma part et l'enfourner dans ma poche.

Ça graisserait un peu, mais avec les nouvelles lessives, ils arrivent même à rendre neuf le vieux, à rendre les couleurs là où il n'y en a pas.

La part de Fanny a rejoint la poche de Paul-Hugo qui m'a fait un clin d'œil.

Restait le dessert. Le meilleur, c'est toujours pour la fin.

Parce que, en faisant le résumé, on avait tous le ventre creux.

Fanny et Paul-Hugo s'étaient noyés dans la vinaigrette des carottes râpées et c'est tout. Alors le dessert...

Un flan au caramel tout mou, tout caoutchouc, tout triste.

Comme nous, à la sortie de la cantine.
Fanny a demandé :
- C'est toujours comme ça ?

J'ai répondu que non, qu'il y avait le jour des frites... mais qu'il fallait attendre.
Paul-Hugo a dit qu'il ne tiendrait jamais jusqu'au quatre-heures.

Il a pourtant tenu.
Et tous ensemble, le soir, Fanny, Paul-Hugo et moi, on a regardé le menu du lendemain :
"Gratin de choux-fleurs".

On l'avait oublié, celui-là. On a ri. Vive l'énorme petit déjeuner, demain !

Et nos parents tout contents de nous voir avaler d'un si bon appétit. S'ils savaient !

VIVE LA GRANDE ÉCOLE

Ce livre vous a plu ?
Savez-vous que vous pouvez retrouver Georgette et sa joyeuse bande dans d'autres histoires de la collection (*Je commence à lire*) écrites par Claude Gutman et illustrées par Serge Bloch ?

Titres parus :

La rentrée
Les cabinets
La sortie
La dame des poux

Imprimé en Belgique par Casterman, S.A., Tournai
Dépôt légal: septembre 1993; D. 1993/0053/164.
Déposé au Ministère de la justice, Paris (loi n° 49.956 du 16 juillet 1949 sur les publications destinées à la jeunesse).